AF242400

VENDICATION NATIONALE.

VENDICATION

NATIONALE,

PAR UN PATRIOTE PORTUGAIS.

⁓◦⁓

PARIS.

IMPRIMERIE DE CASIMIR,

RUE DE LA VIEILLE-MONNAIE, N° 12.

1834.

Mais razaõ ha que queira eterna gloria,
Quem faz obras taõ dignas de memoria.

L'amour de la patrie, qui nous enflamme,
nous force irrésistiblement à écrire ce peu de
lignes, dans le but de revendiquer l'honneur
et la gloire dont il semble qu'on veuille la pri-
ver, à l'occasion des derniers événemens heu-

reux qui viennent d'y avoir lieu. L'influence de ces événemens sur la tranquillité et les destinées futures de l'Europe est généralement reconnue, et suffisamment démontrée par la rage et les déclamations de la ligue des absolutistes, des rétrogrades et des stationnaires, et par le contentement et les louanges des libéraux et des progressifs. L'honneur et la gloire résultant d'événemens d'une telle importance sont, par conséquent, des objets dignes d'être disputés par les ambitions généreuses ; et, puisqu'*on aime à voir la fierté castillane se réveillant enfin de son long sommeil*, nous nous flattons qu'on verra également avec plaisir les Portugais revenant aussi de leur longue léthargie, et qu'on saura gré aux efforts de l'un d'eux pour venger l'honneur de sa patrie.

Les Portugais n'eurent jamais la réputation de vaniteux ni de gascons ; mais ils peuvent avoir le droit, eux aussi, d'être fiers : car, sans remonter à des époques plus éloignées, ce furent eux qui, au quinzième siècle, agrandirent les bornes du monde connu ; ce fut par eux que commença la grande révolution opérée en Europe par la découverte du continent américain, et par la nouvelle route qu'ils frayèrent au commerce de l'Orient ; ce furent aussi des Portugais qui commencèrent à briser les chaînes qui, pendant long-temps, attachèrent l'Europe au char de triomphe du plus grand génie des temps modernes, de celui qui avait porté la France au plus haut faîte de force et de gloire ! C'est aussi en Portugal que vient de se donner la première bataille décisive entre le vieux et le nouveau régime de l'Europe, et nous croyons que la gloire de la victoire appartient aux Portugais : au moins, nous allons faire tous nos efforts pour démontrer leur droit à ce patrimoine historique. Les Portugais sont petits et pauvres; mais la Providence s'est souvent plu à exalter leur humilité, et déjà le grand poëte national l'avait ainsi remarqué, avec son cœur bouillant de patriotisme et de noblesse (1).

Les gazettes françaises et anglaises de toutes les couleurs s'accordent à regarder la chute de dom Miguel comme résultant immédiatement de la quadruple alliance de Londres,

---

(1) Vós, Portuguezes poucos, quanto fortes,
   Que o fraco poder vosso naõ pezais;
   Vós, que á custa de vossas varias mortes
   A lei da vida eterna dilatais :
   Assi do ceo dictadas saõ as sortes,
   Que vós por muito poucos que sejais,
   Muito façais na Santa-Christandade :
   Que tanto, ó Christo, exaltas a humildade.

malgré l'évidence des faits qui prouvent le contraire : les journaux absolutistes s'emparent de cette fausse opinion pour reprocher aux gouvernemens français et anglais d'avoir enfreint scandaleusement le principe de non-intervention, et aux gouvernemens des grandes puissances du Nord d'y avoir consenti par leur coupable indifférence ; les feuilles ministérielles et libérales, au contraire, s'en saisissent, les unes pour faire l'éloge, d'ailleurs très-mérité, des gouvernemens de France et d'Angleterre ; les autres, pour y fonder une espèce de trève partielle et momentanée de leurs critiques amères et de leurs déclamations envenimées contre lesdits gouvernemens. Les unes et les autres tâchent de propager et de répandre cette opinion, peu fondée, injurieuse et injuste contre les braves et loyaux défenseurs de la cause de la reine Marie II, et funeste dans ses conséquences.

Oui, elle est absurde : car tout le monde sait qu'une poignée de braves lutta d'une manière triomphante contre l'Europe entière ; contre les intrigues et les menées hostiles des ministères Wellington et Polignac ; contre les manœuvres perfides et ténébreuses de Zéa Bermudez ; défendant et gardant dans un point isolé de l'Océan les anciennes libertés et franchises nationales que leur avait restituées l'auguste père de leur souveraine, le trône de cette souveraine, et le boulevard inexpugnable de la loyauté portugaise! Tout le monde sait que ces braves, seuls, abandonnés à eux-mêmes, trahis d'une manière cruelle, sans appui, manquant de tous moyens et de toute ressource, ont su, par des prodiges de valeur et de constance, étendre et élargir leur territoire, en conquérant et soumettant à l'empire de leur reine tout l'archipel des Açores! Tout le monde sait que ces braves, déjà renforcés du fruit de leurs étonnantes victoires, dues uniquement à leur indomptable vaillance, et remportées non-seulement sans aucun secours ou appui étranger, mais en dépit des hostilités et de la haine de la soi-disant Sainte-Alliance, ont su se soutenir à Porto; déjà, il est vrai, encouragés alors par la présence et l'exemple de l'auguste père de leur reine, mais aussi ayant de plus à lutter contre l'appui effectif et dangereux que le gouvernement d'Espagne, présidé par le féroce Zéa, ne cessait de prêter à l'usurpateur Miguel! Il ne faut pas nier sans doute que, dans ce temps-là, les gouvernemens éclairés de France et d'Angleterre prêtaient aussi à la cause de la reine un appui salutaire; mais cet appui n'a jamais été que simplement moral et renfermé dans les bornes étroites d'une rigoureuse neutralité: car il est positivement faux qu'ils aient jamais fourni au gouvernement de la reine la moindre somme d'argent, des soldats ou des provisions de quelque espèce que ce soit; et, au contraire, il n'est que trop vrai qu'ils s'y sont impitoyablement refusés, dans les momens même où la cause se trouvait dans les plus grands et les plus imminens dangers, manquant de tout moyen de continuer la lutte. Le gouvernement de la reine, aidé de ses habiles et zélés employés dans le pays et à l'étranger, a eu plus de peine à combattre et à vaincre ces difficultés, qu'à remporter des victoires sur les soldats de l'usurpateur.

Ce fut pendant une de ces crises affreuses, lorsque l'escadre de la reine se trouvait en pleine révolte,—que son chef avait annoncé officiellement et positivement son intention irrévocable de revenir dans la Manche avec toutes les forces navales, si l'on ne satisfaisait pas immédiatement à ses demandes d'argent, condition impossible à remplir; — que Porto se trouvait étroitement bloqué par terre, menacé de le devenir bientôt par mer, bombardé et canonné nuit et jour, la population et l'armée réduites à de faibles rations; lorsque enfin une catastrophe horrible semblait inévitable: —ce fut alors que, surmontant tous les obstacles et maîtrisant toutes les craintes et toutes les répugnances des capitalistes, quelques agens de la reine à Londres, aidés de quelques patriotes portugais, parvinrent, par des efforts incroyables, à organiser la fameuse expédition des Algarves, qui alla sauver une cause qui semblait irrévocablement perdue. Napier, Palmella et l'ardent et infatigable Mendizabal la dirigèrent d'abord, et le régent, en confirmant ces dispositions provisoires, donna le commandement du corps expéditionnaire au brave et heureux Villaflor. Napier blessa de mort l'usurpation par l'admirable exploit du cap Saint-Vincent, et Villaflor, débarquant à l'extrémité des Algarves, fut, à marches forcées, planter le drapeau de la reine sur les murs de Lisbonne. L'étonnante hardiesse des deux illustres chefs touchait les bornes de la témérité ; mais la fortune aime l'audace, et elle ne les abandonna jamais.

Nous passerons sous silence les causes qui arrêtèrent alors dans la capitale l'élan immense donné à la restauration par l'expédition des Algarves, et nous rappellerons seulement les victoires des troupes de la reine, qui, tout dernièrement, amenèrent le triomphe complet de sa cause.

Après la prise et l'admirable défense de Marvaõ par Alvarez Pereira, au mois de janvier, et la victoire remportée par le général

Saldanha à Pernes, le 3o du même mois, l'armée du Nord, sous le général Torrez, commença ses opérations : sorti de Torto le 25 mars, ce général défait l'armée ennemie le 26 à Santa-Christina, et entre le jour suivant à Guimaraens ; le 2 avril, il remporte un nouveau triomphe à Lixa. D'un autre côté, l'amiral Napier prenait Caminha le 23, Vianna le 27, et Valença le 3 avril. Depuis lors, toute la province de Minho, la plus riche et la plus populeuse du Portugal, rentra sous la domination de la reine.

Le général Villaflor, nommé au commandement de l'armée du Nord, arrive le 5 avril à Porto. Le 10, il remporte une victoire à Amarante ; le 12, il entre dans la province de Tras-os-Montes ; le 13, il se trouve à Villa-Real ; le 14, il déloge l'ennemi de la position de Murça, où il reçoit la soumission des fameux généraux miguélistes Santa-Martha et Silveira ; le 15, il passe la nuit à Villa-Flor ; le 17, il écrit de Moncorvo que la province de Tras-os-Montes se trouve entièrement affranchie du joug de l'usurpateur ; le 19, il se trouve à Pesqueira ; le 22, il entre à Lamego ; le 23, il a la première communication avec Rodil ; le 3o, il bat l'ennemi à Ponte-Pedrinha, part de Lamego, se dirigeant sur Viseu ; entre le 1ᵉʳ mai à Castro-Dairo, d'où il

sort le 2; entre le 3 à Viseu; le 5, il va confé-
rer avec Rodil à Mangoalde, passe la nuit à
Tondella; se trouve le 6 à Mortagoa; le 7,
à Mealhada, et entre à Coïmbre le 8. Le 11,
il entre à Condeixa; passe la nuit à Anciaõ;
le 13, à Pruche; le 14, à Thomar; et toujours
chassant l'ennemi devant soi, il ne peut l'at-
teindre que le 16, où il gagne la glorieuse
bataille d'Asseiceira, qui a pour résultat im-
médiat l'évacuation de Santarem et tout ce
qui s'en est suivi, c'est-à-dire l'affranchisse-
ment de quatre provinces, l'entrée du général Saldanha à Santarem le 17, et la capitula-
tion d'Évora le 26, qui finit le règne funeste
et sanglant de dom Miguel.

D'un autre côté, Saldanha avait gagné, le
18 février, la bataille d'Almoster; le 26, l'ennemi avait été battu à Vidigueira; le 2 mars,
à Rilvas; le 4, à Aldea-da-Cruz. Le 23 et le 24,
le brave Alvarez Pereira avait fait lever le
siége et élargir le territoire de Marvaõ; le ba-
ron de Sá avait remporté des avantages signa-
lés, et gardé les positions des Algarves contre
des forces supérieures. Le 15 mai, Napier avait
pris Ourem et fait trois cents prisonniers, et
le général Avilez, échappé le 28 février des
cachots de Bragança, avait réuni un corps de
volontaires, et contribué par son zèle et ses
manœuvres au triomphe constitutionnel.

Si maintenant on se rappelle que le traité ne fut signé à Londres que le 22 avril; qu'il n'arriva à Lisbonne que le 5 mai; que, le 5 juin, lord Grey déclarait encore dans la Chambre des Lords que la ratification dudit traité par le Portugal était arrivée avec une omission essentielle qui entraînait sa nullité, *et que, sans la formalité du rétablissement de cette omission, le même traité ne pouvait recevoir un commencement d'exécution;* comment peut-on prétendre que des événemens accomplis le 26 mai soient dus à un traité qui, le 5 juin, n'avait pu encore recevoir un commencement d'exécution? Nous sommes cependant bien loin de nier toute la profondeur politique de l'alliance des quatre puissances, et la grande utilité dont elle aurait été *pour le Portugal* si elle avait pu être conclue deux ans plus tôt; mais maintenant il faut reconnaître que cette utilité est bien moindre pour le Portugal que pour l'Espagne, et que pour le premier elle n'est pas sans de graves inconvéniens, que nous ne sommes pas appelés à relever. Ce qui nous importe, c'est de constater que la prétention de vouloir lui attribuer le triomphe de la cause de la reine Très-Fidèle, est, comme nous l'avons déjà dit, non-seulement injuste envers les défenseurs de cette cause, mais impolitique et funeste.

Elle est injuste, car après tant de sacrifices, après tant d'actes sublimes de dévouement, de constance et de courage, elle tend à dépouiller ces défenseurs de leur unique récompense, de la gloire d'avoir délivré leur patrie d'un joug inique, illégal et flétrissant, d'avoir relevé le trône de leur reine, d'avoir reconquis les libertés et les franchises nationales. Ils ont lutté pendant près de sept ans pour obtenir ce résultat glorieux ; ils ont affronté la mort, l'échafaud, l'exil, l'émigration, la faim, les privations de toute espèce ; beaucoup d'entre eux ont péri dans ce combat de la barbarie contre la civilisation, des ténèbres contre la lumière, de la tyrannie contre la légalité, du despotisme contre la liberté ; et au moment où ils croient toucher le fruit de tant de constance et de tant d'héroïsme, n'est-il pas cruel que des mains étrangères veuillent leur arracher les palmes et les lauriers qu'ils avaient cueillis au prix de leur sang, qu'ils avaient conquis par leurs seuls et admirables efforts ? Telle ne peut certainement pas être l'intention des gouvernemens justes, ni des peuples généreux de la France et de la Grande-Bretagne.

Nous avons dit que cette injuste prétention était en même temps impolitique et funeste ; et, en effet, elle ne tend à rien moins qu'à entacher le triomphe de la cause de la reine d'un vice originel, de celui-là même qu'on reprochait au rétablissement de la branche aînée des Bourbons en France, et qui ne contribua pas peu à leur chute. Nous ne pouvons pas y consentir : car il est bien avéré que ce triomphe, remporté avec d'aussi faibles moyens, n'est dû qu'à la volonté nationale, laquelle s'est prononcée et s'est manifestée partout avec éclat et enthousiasme dès qu'elle s'est vue libre du régime de terreur et de sang qui la comprimait.

Il est aussi à propos de combattre, à cette occasion, une autre opinion émise et répandue à l'étranger, et également fausse et dangereuse. Les auxiliaires étrangers, auxquels d'ailleurs nous rendons la justice qui leur est due, et avouons notre reconnaissance pour leurs services, reconnaissance d'autant plus méritée que ces services avaient pour objet une cause qui n'était pas la leur; les auxiliaires étrangers n'ont jamais fait qu'une faible partie de l'armée constitutionnelle. Cette armée, qui était à peine de cinq mille cinq cents hommes au moment de son débarquement à Porto, ne comptait alors que cinq cents étrangers français et anglais, et le nombre de ces auxiliaires n'excéda jamais trois mille hommes, tandis que l'armée de la reine était dernièrement forte d'à peu près quarante mille : l'élément national prévalut donc toujours à l'armée constitutionnelle dans une grande proportion. On sait aussi que, parmi les soldats et les officiers étrangers, il s'en est trouvé de bien plus nuisibles qu'utiles à la cause ; ce qui d'ailleurs n'est pas étonnant, si l'on considère le mode et les circonstances de leur enrôlement.

Nous avouons volontiers que l'entrée des troupes espagnoles, consentie par le gouvernement portugais de sa seule et propre autorité, a beaucoup contribué à presser le dénouement final du drame politique qui se jouait en Portugal ; mais il y a une différence essentielle entre presser et produire. Ce dénouement était tout préparé par les efforts des Portugais seuls, qui déjà avaient gagné leur cause ; mais il est juste de dire qu'il a été hâté par ladite entrée, et cela fut sans doute un bienfait inappréciable. Le général Rodil, en traquant le prétendant espagnol, favorisa immensément les opérations de Villaflor ; mais il n'est pas exact de dire que l'Espagne soit intervenue dans la décision de l'affaire portugaise : l'Espagne a fait ses propres affaires, et si en poursuivant son prétendant elle contribua à la chute de l'usurpateur portugais, ce ne fut qu'indirectement, sans intention, et en quelque sorte sans le vouloir. Il ne faut pas oublier que la cause de la reine Marie II avait pu non-seulement se soutenir, mais faire des progrès, dans le temps même que l'Espagne, dirigée par Zéa Bermudez, sous l'influence hostile des grandes puissances du Nord, fournissait à dom Miguel des secours en argent, des renforts en hommes, en chevaux, en armes, en munitions, et lui envoyait un maréchal de France pour commander son armée, et un officier anglais pour commander son escadre. Ce n'est pas que nous prétendions, comme malheureusement on ne l'a fait que trop souvent, que les soldats de la reine fussent plus braves que ceux de dom Miguel ; ceux-ci étaient aussi des Portugais : comment seraient-ils des lâches ? Ces épithètes absurdes n'étaient propres qu'à irriter ces malheureux égarés, sans être nécessaires pour encourager des soldats qui n'aiment à se battre que contre des forts. D'ailleurs, quelle gloire y aurait-il à vaincre des lâches ? Il y avait cependant en faveur des soldats de la reine une différence de circonstances heureuses, qui leur donnait un avantage immense sur les soldats de dom Miguel : les premiers combattaient pour rendre le trône à une jeune reine outragée ; les seconds, pour soutenir la couronne usurpée sur la tête d'un tyran ; les uns combattaient pour la civilisation , les autres pour la barbarie; les uns combattaient pour l'avenir, les autres pour le passé ; les uns défendaient un principe, les autres une absurdité; les uns se battaient par amour, les autres par crainte; les uns avaient devant eux la gloire, les autres avaient derrière eux le supplice ; les uns avaient pour aiguillon l'enthousiasme des idées nouvelles , les autres avaient contre eux le découragement et la faiblesse des idées vieillies; les uns étaient dirigés par les hommes les plus éclairés du Portugal, les autres étaient menés par des parjures et des fanatiques. Comment les soldats de la reine ne devaient-ils pas vaincre, et ceux de dom Miguel succomber? Aussi, dans toutes les phases les plus critiques de la lutte , nous n'avons jamais désespéré de la cause, et nous l'avons constamment aidée de notre petit contingent avec courage et persévérance , nous ne dirons cependant pas sans crainte ; mais celle-ci était relative à la durée, et nullement à l'issue du combat. Nous avons souvent craint que des revers passagers, en prolongeant les souffrances de la patrie, n'éloignassent le moment du triomphe ; mais notre foi dans celui-ci a toujours été forte et inébranlable, et elle a soutenu notre confiance pendant toutes les crises de découragement et de peur. Un grand homme d'état nous avait dit : « Le temps est pour vous, et vous réussirez. » La prophétie s'est heureusement accomplie, et ce n'est pas la première fois que cet homme célèbre devina l'avenir.

Nous croyons avoir démontré, par des faits incontestables, que la gloire de la restauration du trône de la reine Marie II, et de la Charte constitutionnelle de la monarchie portugaise, appartient essentiellement aux Portugais; mais nous n'avons pas nié la part de ce triomphe due à la bienveillante partialité des gouvernemens éclairés de la France et de l'Angleterre, aux services rendus par les auxiliaires étrangers, aux contingences heureuses, et à la force irrésistible de l'esprit du siècle. Nous avons voulu rendre justice à tout le monde; mais nous avons aussi voulu venger l'honneur national, et réclamer en faveur des défenseurs de la cause portugaise la même impartialité que nous avons mise à reconnaître les services des étrangers, et à déduire les preuves de la gloire de nos compatriotes.

Nous avons désigné quelques-uns de ceux-ci, compris dans ce petit écrit, par leurs anciens noms, non-seulement parce que ces noms seront plus connus de la généralité de nos lecteurs, mais aussi parce que nous aimons à éviter tout ce qui peut rappeler les déplorables discordes de la grande famille portugaise et l'époque calamiteuse qui vient de finir. Puissent ces longues années de pleurs et d'amertume être succédées d'une paix durable, et du concours amical et fraternel de tous les cœurs et de toutes les volontés des Portugais à la guérison des profondes plaies de la patrie, à l'oubli du passé, et au rétablissement de la prospérité et de la considération politique de la monarchie, sous le sceptre tutélaire de leur jeune reine! Tels sont nos vœux et nos espérances.

Paris, le 9 juin 1834.

FIN.

31